Mercado De Valores E Inversiones

Una guía para principiantes
en el comercio de acciones e inversiones,
incluyendo 40 ejemplos de millonarios
en el comercio de acciones

Índice

Introducción

Existen numerosas oportunidades de inversión en el Mercado de valores si usted es una persona emprendedora. Dependiendo de la línea de tiempo en la cual usted espera comenzar a cosechar las recompensas de su trabajo, usted puede elegir ser un comerciante de acciones, swing o inversionista. El comerciante de acciones se aprovecha de los pequeños cambios de precio para obtener beneficios, el comerciante swing se beneficia de los grandes cambios de precio, y el inversionista prefiere el juego a largo plazo, beneficiándose de años de espera para que un activo financiero se aprecie.

Existe una gran oportunidad de participar en el mercado de valores a tiempo completo, parcial y de forma pasiva en la obtención de ingresos, dependiendo de cuán involucrado quiera o pueda permitirse el lujo de estarlo. En cuanto a las recompensas que usted puede cosechar, el comercio agresivo o las inversiones pueden darle hasta el doble de su inversión en recompensas en unos pocos días, semanas, meses o años. Un compromiso menos agresivo en el mercado de valores le dará menos recompensas, y la adversidad al riesgo está casi asegurada para darle solo ganancias mínimas. Si usted tiene las herramientas adecuadas para sus operaciones o inversiones, el mercado de valores puede ser muy rentable.

Implementar las estrategias correctas en el comercio de acciones y la inversión le permitirá obtener ingresos adicionales aparte de su trabajo diario, o, si lo está haciendo a tiempo completo, lo suficiente para vivir cómodamente. Una carrera que invierte en el mercado de valores podría en realidad hacerlo muy rico, al igual que muchas otras personas lo han hecho antes que usted.

En este libro, discutiremos acerca de 40 millonarios del comercio de acciones de todo el mundo, incluyendo a Edward Lampert, Daniel Och y Geraldine Weiss. Hacemos esto no sólo porque queremos inspirarlo a centrarse en el mercado de valores como una carrera, sino también porque estos millonarios han utilizado un conjunto de herramientas y estrategias muy específicas que usted también podría utilizar para hacer una fortuna.

Sin embargo, esto no significa que no haya barreras para entrar en el campo. De hecho, las barreras para entrar en el comercio de acciones como operador diario pueden ser francamente imposibles; la Hacienda (IRS) requiere que usted mantenga un saldo mínimo de $25,000 si desea ser un operador diario. Esto no significa que no pueda operar de vez en cuando como un operador casual. También es vital tener en cuenta que el hecho de que pueda haber muchos beneficios y recompensas no significa que sea fácil. Hay tantas personas que han perdido grandes cantidades de dinero como los millonarios. La barrera más perjudicial para el comercio de acciones no es ninguna regulación que haya sido establecida por la IRS o cualquier otro organismo federal; es la mentalidad de una persona y el enfoque personal que puede conducir a las ganancias o pérdidas en este negocio.

Un operador que adopta la mentalidad correcta y entiende claramente la psicología de los otros operadores y cómo funciona el Mercado de valores, estará en camino a obtener beneficios en el mercado de valores. Pero, ¿cuál es la psicología bursátil correcta? Esos son los comportamientos y rasgos de personalidad que influyen en la forma en que un operador de bolsa lleva a cabo sus actividades. Incluyen la disciplina, la toma de riesgos y la perseverancia – puntos de entrada y salida – y se apega a ellos.

Con la toma de riesgos, usted debe reconocer las oportunidades y perseguirlas a pesar de los peligros asociados. Los grandes operadores hacen seguimiento diarios de sus negociaciones, estudio de sus ganancias y pérdidas a medida que perfeccionan su arte. Por último, si usted persigue el comercio diario, tendrá que tener mucha perseverancia para seguir operando a pesar de las pérdidas que encontrará a lo largo del camino a medida que aprende y se posiciona para las oportunidades en el futuro.

A lo largo de este libro, mencionamos a ciertos millonarios y billonarios que han hecho su riqueza a través del comercio de acciones y la inversión. Se mencionan para animarlo y para que vea que es posible crear una riqueza a través del comercio y la inversión de acciones.

Capítulo 1

Comercio de Acciones 101

Antes de comenzar a operar, primero necesita entender y reconocer ciertas terminologías y los mercados de valores en el que va a comprar sus acciones.

Terminologías

El mercado de valores es un lugar donde operan los profesionales. Si no entiende su idioma, lo más probables es que no pueda encajar, aprovechar las oportunidades y prosperar. Estos son algunos de los términos que necesitará entender:

Acciones, Índices y Fondos de Intercambio (ETF)

Una acción
Un accionista es cualquier inversionista en el capital de una empresa. La propiedad de una empresa se divide en acciones. Por lo tanto, una acción es aquella parte en la que se divide el capital de una empresa en partes

iguales, lo que da derecho a su titular, el accionista, a una parte proporcional de los beneficios.

Veamos un ejemplo sencillo: Una empresa tiene un valor de $100.000 (Todos los Activos menos los Pasivos) la cual pertenece a 1.000 personas. Esto significa que cada persona tiene una participación de $100 en la compañía. Las acciones de la empresa, en un mercado perfecto, serán de $100.

Un Índice

Un índice es una colección representativa de acciones que son importantes para una parte determinada de la economía. Por ejemplo, el Dow Jones Industrial, que es uno de los principales índices, es un compuesto de 30 acciones de primera línea (Blue Chip). Varios sectores del mercado de valores se miden utilizando índices para indicar como se está desempeñando una determinada industria o un tipo de activo promedio.

Por ejemplo, tenemos índices para compañías de pequeña y gran capitalización, compañías tecnológicas, agricultura, industria petrolera y más.

Un Fondo de Intercambio (ETF)

Un Fondo de Intercambio mide esencialmente el precio de varios sectores del mercado de valores contenidos en un índice. Sin embargo, la principal diferencia entre un índice y un ETF es que los fondos de índice son fondos mutuos y los ETF son fondos que se negocian como acciones. Algunos de los ETF más destacados incluyen los vinculados al S&P 500, y como el SPDR S&P 500 ETF. Muchas personas prefieren operar con los ETF o índices porque cuando una sola acción o bono de colección está funcionando mal, es probable que las otras acciones estén funcionando bien, lo que ayuda a minimizar las pérdidas.

Fondos Mutuos

Otro termino común en el mercado de valores es el de fondo mutuo. Describe las participaciones diversificadas de las sociedades de gestión de activos que invierten en diferentes activos en el mercado bursátil. Un fondo mutuo se centra generalmente en tipos específicos de inversiones tales como bonos gubernamentales, acciones de compañías de primera línea o acciones de mercados emergentes de ciertos países. Mientras que los ETF se negocian activamente a lo largo de la jornada de negociación, los fondos mutuos se negocian al cierre de la misma.

Asesores Financieros

Los asesores financieros son profesionales que guían a los operadores e inversionistas en la toma decisiones comerciales, en la protección contra las perdidas y lidiar con los impuestos. Usted necesita evaluar qué tipo de asesor financiero tiene. Algunos grandes asesores miran mas allá de la inversión y le dan una visión integral en áreas tales como impuestos, planificación patrimonial, seguros, presupuestos y otros eventos de planificación de vida que tienen un impacto financiero. Algunos asesores pueden no tener su interés en el corazón y pueden no aconsejarlo sobre las oportunidades que surjan.

Es importante señalar que se espera de los Asesores Financieros firmen una declaración de ética y también se les exige que sean totalmente transparentes en cuanto a sus honorarios. Sin embargo, no están legalmente obligados a trabajar en su mejor interés. Esto significa que usted necesita revisar cada asesoría hasta que haya desarrollado una relación clara con su Asesor Financiero.

Altas/Bajas

Un término común que es utilizado por muchos operadores es que haya acciones "altas" o "bajas". Una explicación simple es que cuando están ALTAS, están esperando que la acción o cualquier posición que haya tomado suba más. Esperan un aumento de precios. Por otro lado, cuando las acciones están BAJAS significa que ha tomado una posición esperando que la acción baje.

Las Principales Bolsas de Valores

Es posible que nunca lo note al operar con un corredor de bolsa, pero en última instancia cada operación que usted propone termina en la bolsa de valores, donde muchos otros operadores se congregan (a través de sus corredores) para comprar y vender. Los diferenciales de compra y venta son el depósito donde entran en juego las reglas de la oferta y la demanda, enviando los precios al alza y a la baja. Los principales mercados bursátiles del mundo son;

La Bolsa de New York

La Bolsa de New York es la mayor bolsa de valores del mundo. Contiene algunas de las compañías más grandes del mundo y es lo suficientemente grande como para opacar las siguiente tres bolsas de valores por capitalización bursátil.

La NASDAQ

Esta bolsa de valores, exclusivamente electrónica, comenzó a competir con la NYSE. Es el hogar de la mayoría de las acciones tecnológicas de los Estados Unidos de América.

La Bolsa de Londres

Esta es la bolsa de valores más grande fuera de los Estados Unidos, y también la más internacional. Los mercados financieros de Londres atraen a empresas de hasta 40 países de todo el mundo para cotizar allí. Es propiedad del LSE Group, junto con la Borsa Italiana.

La Bolsa de Toronto

Este Mercado de Valores Canadiense representa a algunas de las mayores compañías mineras y de petróleo y gas del mundo. Es el mercado de valores más cotizado fuera de los Estados Unidos de América por operadores e inversionistas internacionales estadounidenses.

La Bolsa de Tokio

La Bolsa de Tokio es el cuarto mercado de valores por capitalización bursátil de las empresas que cotizan en la bolsa. También se duplica como el Mercado de valores más grande de Asia.

Otros Mercados Financieros

Forex Trading (Mercado de Divisas)

El mercado Forex se dedica a la compra y venta de divisas. Es un mercado internacional que esta descentralizado por cada país, lo que permite a los inversionistas de ese país comprar divisas de otras naciones con el fin de invertir. Cuando uno está operando en Forex, esencialmente está apostando una divisa contra otra de un país diferente. Es importante tener en cuenta que este tipo de operaciones se realiza con una paridad cambiaria USD/EUR (Euro y Dólar Estadounidense) o GBP/JPY (Libra Esterlina y Yen Japonés). Las divisas se negocian a través de un corredor de bolsa o intermediario y con plataformas en línea al alza, esto se puede hacer de forma remota sin interacción física.

Mercado de Futuros

Los mercados de futuros facilitan la venta de contratos de futuros de materias prima. El articulo principal que se negocia aquí es el contrato de futuros, un contrato que obliga a un comerciante a vender o comprar algún producto básico a un precio fijo en algún momento futuro. Algunos de los mercados de futuros más grandes del mundo incluyen la New York Mercantile Exchange, la Chicago Board Options Exchange, y la International Petroleum Exchange, que establece los precios mundiales del petróleo. El mercado tiene un acceso de casi 24 horas, 6 días a la semana. Esta liquidez es una gran ventaja para los operadores que desean invertir y desinvertir rápidamente.

Mercado de Bonos

Los gobiernos y las grandes Corporaciones recaudan dinero para grandes necesidades de gasto mediante la emisión de bonos. Un bono, por definición, es un título de deuda bajo el cual el emisor del bono (gobierno o corporación), le debe al tenedor de bonos (usted, el comprador) una deuda que incluye pago de intereses o cupones y un pago futuro de la cantidad principal en la fecha de vencimiento. Estos bonos se emiten a través del mercado de bonos o de deuda. A diferencia de los mercados de acciones y futuros, el mercado de bonos no tiene un lugar dedicado a la compra y venta. En cambio, los gobiernos y las corporaciones emiten sus bonos a través del mercado de valores.

Millonarios Inspiradores

— **Bruce Kovner** es un inversionista, comerciante y administrador de fondo de cobertura. Su primera operación fue un contrato de futuros por el valor de $3.000 que apalancó con su tarjeta de crédito. Aumentó a $40.000, luego bajó a $23.000 antes de que tuviera el sentido común de vender. Bruce Kovner ha reconocido que las lecciones de gestión de riesgos que aprendió en las operaciones de futuros le ayudaron a su carrera. Ha continuado con una fructífera carrera en el comercio de acciones e inversiones y su valor actual es de $5.2 billones (2019).

— **Edward Lampert** es un inversionista de ESL Investments, una compañía que emplea estrategias de inversión contrarias para generar ingresos superiores a los de la industria de casi el 30%. Su valor actual es de $1 billón (2019).

— **Ole Andreas Halvorsen** es un inversionista y el fundador de Viking Global Investors. Ha acumulado un patrimonio neto de $3.7 billones a través de una carrera de más de 25 años.

Después de trabajar en el piso de la Chicago Mercantile Exchange en su adolescencia, **Richard Dennis** asumió una deuda de $1,600 en la década de los 1970. Diez años después, había acumulado una fortuna de más de $200 millones.

— **Inna Rosputnia** es una gran historia de éxito de las mujeres comerciantes. Empezó de la nada y aumento su inversión de capital inicial de $10,000 a $3 millones. Esto la hizo ser nombrada la "Reina de Wall Street" por los banqueros durante el Foro Económico de Mujeres. Su área es el comercio de futuros y materias primas.

Capítulo 2

Cómo Establecer su Cuenta de Operaciones

Antes de poder empezar a comprar y vender acciones, primero tiene que adquirir las siguientes herramientas que se describen a continuación.

Cuenta de Corretaje

Una cuenta de corretaje es una cuenta de cheques de acciones que usted abre con un corredor. Funciona de manera similar a una cuenta bancaria en el sentido de que se utiliza para enviar dinero a medida que se compran las acciones y para recibir el dinero cuando se vende alguna. Debe tener cuidado al decidir con qué firma de corretaje abre su cuenta, ya que cada una de ellas tiene términos que pueden afectar las comisiones que paga por transacción.

Consideraciones a la Hora de Elegir una Cuenta de Corretaje

La cuenta de corretaje que abra antes de comenzar su carrera como corredor de bolsa tendrá una gran influencia en los beneficios que obtendrá. Las dos cosas más importantes que usted debe saber acerca de la cuenta de corretaje que abra son los honorarios que cobran y su estabilidad financiera.

Al investigar los honorarios cobrados, lo primero que tiene que entender es que hay dos tipos principales de firmas de corretaje: los corredores de descuento y los corredores de servicio completo. Los corredores de servicio completo realizan todas las funciones de compra y ventas de acciones, a veces incluso tomando la decisión de operar en nombre del inversionista o comerciante. Por el contrario, sus comisiones suelen ser masivas. Con balances mínimos masivos y multas para cuentas que caen por debajo de un cierto rango de precios, los corredores de servicio completo son más adecuados para los comerciantes e inversionistas más ricos.

Por otro lado, las cuentas de corretaje de descuento son corredores que ofrecen a sus clientes funciones básicas en sus cuentas de negociación de acciones. Las comisiones que cobran son mucho más bajas en comparación con las del servicio completo, lo que las hace aún más adecuadas para los comerciantes de valores que necesitan mantener sus márgenes bajo control. Las pequeñas comisiones que cobran los corredores de descuento hacen que sea más barato comprar y vender varias veces sin sumergirse demasiado en sus márgenes de ganancia.

La estabilidad financiera de una firma de corretaje también es crucial. Cuando usted abre una cuenta de corretaje con una firma, forma un vínculo financiero que podría terminar costando toda su inversión. Esto es especialmente importante si se tiene una cuenta que los corredores a menudo invierten el dinero que les dan sus clientes en otros activos. Además, debe asegurarse de que su corredor de bolsa esté financieramente seguro. Si no lo son, una posible bancarrota pondrá en peligro todas sus inversiones.

Se han formado grandes firmas de corretaje de comercio en línea que satisfacen las necesidades de los pequeños comerciantes. Muchas de estas firmas de corretaje cobran comisiones más bajas, lo que le permite la libertad de realizar más operaciones de manera más eficiente. Recuerde analizar las tasas tanto para abrir y cerrar una operación.

Como ejemplo, mire a continuación las comisiones publicadas en la página web de Tastyworks.

$1.00 (por contrato) Opciones de apertura de operaciones
$5.00 (acciones ilimitadas) Apertura de acciones
$2.50 (por contrato) Operaciones de apertura de Futuros
$0.00 (comisión) Todas las operaciones de cierre

Tenga en cuenta que muchas firmas de corretaje pueden no mostrar públicamente sus tarifas porque podrían ser bastante altas. Necesita asegurarse de saber exactamente cuánto cobran.

Cuenta Bancaria

Su cuenta bancaria le permite retirar el dinero que gana de una operación que entra en su cuenta de corretaje y lo pone a su disposición para sus necesidades diarias. Algunos corredores como Fidelity, Charles Schwab y Ally Invest ofrecen servicios bancarios además de sus servicios de negociación de acciones, lo que hace más conveniente operar con ellos.

Preguntas Frecuentes

Antes de profundizar en otros aspectos de la negociación, sería bueno examinar algunas de las preguntas más frecuentes. Esto puede despejar el ambiente y permitirle concentrarse en otros aspectos que son críticos para su proceso de aprendizaje. Algunas cuestiones del mercado de valores son tan oscuras que pueden ser difíciles de entender sin un esfuerzo concertado. En este aspecto, nos referiremos a algunos de los más importantes.

Acciones de Centavo o Penny Stocks

La Comisión de Bolsa y Valores define las acciones de un centavo como todas las acciones cuyo precio es inferior a $5. ¿Pero valen la pena? Bueno, eso depende del mercado. Como ve, las acciones de penique son de muy alto riesgo y alta recompensa. Una acción de un centavo puede subir de precio de la noche a la mañana hasta en un 50%. Debido a que usted habrá comprado más de las acciones con la misma cantidad de dinero en comparación con acciones más caras, usted podría terminar con una recompensa bastante atractiva. Por otro lado, los peniques pueden quedar bajos y permanecer bajos durante mucho tiempo. Esto se debe a que gran parte del mercado de valores las considera no rentables e impredecibles. Un punto vital a tener en cuenta es que, en la mayoría de los casos, los inversionistas institucionales tratan de evitar las acciones de un centavo, por lo que el riesgo de insolvencia es bastante alto con estas empresas. Antes de invertir en estas empresas, se debe realizar un análisis y estudio adicional.

Apalancamiento

En el mercado de valores, el apalancamiento es una situación en la que un operador pide prestado dinero para entrar en una operación y paga el capital más los intereses del dinero que gana en la operación. Es una maniobra de riesgo extremadamente alto porque un cambio inesperado de precio resulta en el doble de la pérdida para el inversionista. Por otro lado, el apalancamiento le permite aumentar el retorno de la inversión aumentando la misma. Si el mercado va a su manera, terminará ganando más dinero. Los ratios de apalancamiento variarán de una empresa de corretaje a otra. Algunas pueden dar 20:1 o 50:1 o 100:1. El apalancamiento, si se usa de manera efectiva, puede aumentar enormemente sus ganancias.

> _Ejemplo; Supongamos que usted compra una acción de una compañía con un precio de "200 usando su propio dinero y el precio aumenta a $300. Esto significa que usted ha ganado 50 por ciento de retorno de su inversión. Por otra parte, digamos que usted usa el apalancamiento para comprar las acciones con margen usando $100 de su propio dinero y pide prestados los otros $100. Esto significa que su devolución es del 100 por ciento si el precio de la acción aumenta a $300. Duplicando efectivamente su ingreso._

¿Por qué la Gente Pierde Dinero?

Esencialmente, las personas pierden dinero cuando se ven obligados a salir de una posición a un precio inferior al que ingresaron en una compra a largo plazo. En una venta corta, usted pierde dinero cuando compra una acción a un precio más alto que cuando la vendió cuando entro en la transacción. En una perspectiva más amplia, las personas pierden dinero porque no planifican adecuadamente sus actividades comerciales. Antes de una transacción, debe iniciar un proceso de investigación en el que descubra cosas sobre la acción que le faciliten determinar en qué dirección es probable que vaya después. La falta de las herramientas adecuadas para el comercio es otra cosa que facilita la obtención de ingresos. Mucha gente pierde dinero al ser engañada para comprar acciones de un centavo por los vendedores por correo electrónico. Haga su propia investigación y revise los fundamentos de la compañía antes de invertir. En el capítulo 3, titulado Investigación de Acciones, mencionaremos algunos de los indicadores que se debería utilizar en el proceso de revisión a medida que se evalúan varias compañías.

¿Qué es una Oferta Pública Inicial (IPO)?

Todas las acciones se emiten a través de una Oferta Pública Inicial (IPO). Es esencialmente un momento en el que una empresa se desprende de una parte de sus acciones y las vende al público para recaudar dinero. Una IPO es un proceso a través del cual un banco de inversión lista las acciones de una empresa en el mercado de valores para que los comerciantes e inversionistas las compren y las vendan. Como recién llegado al mundo de la inversión y el comercio de acciones, usted debe hacer una investigación intensiva en una acción de IPO antes de comprar porque es increíblemente difícil de medir su potencial. Ha habido casos en los que el precio de la IPO se ha disparado hasta casi un 50-75%.

Puntos de Precaución

Existe un sentimiento generalizado entre los operadores más pequeños del mercado de valores de que la industria está amañada contra ellos. Estos sentimientos son especialmente fuertes después de una crisis o escándalo en el que se ve que los operadores ricos se aprovechan de los operadores más pequeños y menos experimentados en el mercado de valores. Por supuesto, hay limitaciones en cuanto a la información, el capital y la influencia cuando se entra al mercado como inversionista individual, pero el mercado generalmente favorece a los sabios. Usted no tiene que empezar con tanto dinero, tanta información, o tanta influencia política para hacer el dinero que los comerciantes experimentados hacen en los mercados de valores. Usted sólo tiene que estar bien informado, recopilar y utilizar toda la información que pueda, e invertir su capital sabiamente. El mercado de valores ~~no es un campo de juego parejo. Hay oportunidades masivas de ganar dinero en el mercado de valores, pero tendrá que ser audaz e inteligente para tener éxito.~~

Millonarios Inspiradores

Después de fracasar en sus dos primeras inversiones, **David Tepper** se dedicó a la gestión de fondos de inversión empleados antes de fundar su propia empresa en 1992. Actualmente tiene un valor de más de $11 billones y es el propietario de los Carolina Panthers.

— **Israel Englander** comenzó con el comercio de valores convertibles y opciones antes de dedicarse en el campo de la inversión.

— **Vijay Kedia** es un comerciante e inversionista Indio que trabaja en los mercados de valores desde los 19 años. Actualmente tiene un valor de más de $10 millones.

— **William J. O'Neil** comenzó su carrera como corredor de bolsa antes de crear una estrategia de inversión basada en las computadoras lo que lo ayudó a hacer una fortuna de más de $100 millones.

— **Bill Lipschutz** heredo $12,000 de su abuela mientras estaba en la universidad. Usó el dinero para empezar a comerciar con acciones antes de volver al Mercado Forex, donde hizo una fortuna, que ahora vale más de $300 millones.

Capítulo 3:

Investigación de Acciones

Realizar correctamente su estudio de Mercado es el método más adecuado para garantizar su éxito en el mercado de valores. En este capítulo, discutiremos los dos aspectos más importantes de la investigación que usted debe hacer como operador de bolsa. Tenga en cuenta que gran parte de esta investigación puede realizarse con información gratuita en internet.

Visión General del Mercado

Al evaluar el Mercado para obtener una visión general y tartar de identificar las oportunidades para operar, utilizamos herramientas basadas en internet para observar la dirección del mercado y los entornos macro y micro. Internet ha provocado cambios masivos en la forma en que se compran y venden las acciones. Ha abierto las bolsas de valores y ha permitido que los operadores se reúnan y se aprovechen de las enormes oportunidades que se presentan en ellas.

El mercado se mueve al alza o a la baja en función de la variación media ponderada de los precios de las acciones cotizadas. Cuando el precio de una acción se mueve en una tendencia alcista, se dice que está en una "corrida de toros". Cuando el precio se mueve en una tendencia general a la baja "mercado bajista". La dirección del mercado determina la rentabilidad global de la negociación en él. Cuando busque una oportunidad de negociación, observe la tendencia de los índices bursátiles como el S&P 500 y el Compuesto de Nasdaq; que revelan la dirección de todo el mercado.

Después de determinar la dirección del mercado, es el momento de mirar las oportunidades de operaciones específicas y decidir si ir en alta o baja. Estas oportunidades se encuentran en las acciones que cotizan en la bolsa de valores y se pueden identificar aquellas que presentan una gran oportunidad de compra o venta mirando los ambientes macro y micro de las empresas. El ambiente micro afecta solo a la empresa e incluye competencia, la gestión y los registros de los beneficios, por otro lado, los macro factores afectan a toda la industria e incluyen oportunidades de expansión y tecnología.

Ratios

Con el tiempo, los operadores de bolsa han ideado formas inteligentes de comprobar las oportunidades de negociación en el mercado de valores. Los coeficientes de inversión se crearon para dar una idea más clara del rendimiento de una acción durante un periodo de tiempo. Los ratios son muy importantes porque permiten a los operadores analizar objetivamente el potencial de las acciones para obtener un buen ingreso. Se puede acceder a los ratios consultando los gráficos proporcionados por los corredores de bolsa o los servicios de investigación financiera. Si los datos no se pueden encontrar en ninguna parte del mercado, se pueden calcular simplemente a partir de los documentos financieros de una empresa, los cuales son normalmente publicados.

Los ratios financieros son valores numéricos derivados de los cierres que permiten obtener información significativa sobre una empresa. Las cifras que se encuentran en los estados financieros de una empresa, como el balance general (estado de situación financiera), la cuenta de resultados, el estado de flujo de caja, entre otros, se utilizan para realizar análisis cuantitativos y, por lo tanto, se obtienen ratios que evalúan ciertos parámetros de las empresas como lo son, la liquidez, el apalancamiento, el crecimiento, los márgenes, la rentabilidad, la valoración entre otros.

Ratios Principales

Hay algunos ratios que son muy importantes a la hora de realizar un análisis técnico. Que incluyen los ratios de Precio/Ganancia (P/E), Precio Valor Contable (P/B) y de liquidez.

El ratio P/E, o Precio/Ganancia mide la correlación entre el precio de una acción y las ganancias reportadas por la compañía en los anuncios de ganancias más recientes. Se considera que una acción con una relación P/E baja es adecuada para la negociación.

> *Supongamos que una compañía tiene un ingreso neto de $300 millones y tiene 200 millones de acciones en circulación. La ganancia por acción (EPS) puede ser calculada de la siguiente manera: ($300 millones)/200 millones de acciones = $1.5 por acción.*

> *Dada la EPS anterior, podemos calcular el ratio P/E. si las acciones cotizan actualmente a $15 por acción, entonces la ratio P/E sería simplemente $15 dividido por $1.5, o 10. Esto le indica cuantas veces la empresa tiene que generar las ganancias para que usted pueda recuperar su inversión. Generalmente, cuanto más bajo mejor.*

La P/B, o Precio Valor Contable se utiliza para determinar el valor que el mercado de valores asigna a una empresa. Mide la capitalización de mercado de una empresa frente a la valoración de balance. Un P/B muy bajo indica una baja confianza entre los operadores del mercado en el futuro de una empresa, mientras que unos ratios P/B más altos indican un mayor volumen de negociaciones y grandes oportunidades de operaciones.

El ratio de liquidez, que se computa como (activo circulante dividido entre el pasivo circulante), es vital a la hora de identificar una oportunidad de negociación, ya que indica la capacidad de una empresa para hacer frente a obligaciones de deuda a corto plazo o incluso la capacidad futura de crecimiento de la empresa. Una acción un ratio de liquidez inferior a 1,0 significa que una empresa es muy vulnerable a factores como los tipos de interés, y no es una inversión rentable.

Cuando investigue, comience por realizar un análisis fundamental de la empresa que está estudiando. Después de examinar los fundamentos, puede pasar al análisis técnico y luego decidir sobre la oportunidad beneficiosa de negociar.

Millonarios Inspiradores

John Alfred Paulson es un inversionista y gestor de fondos de cobertura que causó sensación cuando redujo el Mercado de hipotecas de alto riesgo en los Estados Unidos poco antes de la crisis financiera del 2008. Su valor supera los $5 Billones.

— **Daniel Och** es un inversionista billonario con Och-Ziff Capital Management. Comenzó su carrea en el departamento de comercio de acciones en Goldman Sachs antes de pasar a ser propietario de un negocio. Entre los años 1994 a 2007, el OZ Master Fund de Daniel Och tuvo una ganancia promedio de alrededor del 17% anual, superando a los principales índices bursátiles y otros fondos.

— **Seth Klarman** es un inversionista de inversión de valor y gestor de fondos de cobertura. Fundó el Baupost Group en 1982 y acumuló %1.5 billones a través de él.

— **Michael Marcus** es un comerciante de materias primas. Comenzó con una inversión de $30,000 y logró acumular una fortuna de $80 millones.

Fuera de los Estados Unidos, hay comerciantes como **Rakesh Jhunjhunwala**, un comerciante de acciones indio que comenzó con una modesta inversión y ha logrado acumular una fortuna de más de $3 billones.

Capítulo 4:

Revisión y Selección de acciones

Antes de comenzar su carrera en el mercado de valores, debe identificar las cosas que indican buenas oportunidades de compra y venta. En este capítulo, analizaremos los ciclos del mercado y otros indicadores.

Ciclos de Mercado

Los mercados de valores se mueven en ciertos ciclos predictivos. Tenemos el ciclo lunar, la estacionalidad anual, el ciclo de cuatro años, el ciclo de 17.6 años y el ciclo Kondratiev de 60 años (superciclos). Estos ciclos han sido ampliamente observados estudiados y registrados. Esencialmente, uno necesita analizar los ciclos y buscar oportunidades para saber cuándo vender y cuándo comprar. Esto asegura la máxima rentabilidad ampliando su margen en la medida de lo posible.

En algunos mercados, uno puede notar una tendencia anual de los tiempos en que los comerciantes venden en masa. Un ejemplo es que, a medida que comienza el año fiscal, los operadores tienden a ser más entusiastas con el mercado de valores, y su acción de compra hace que el mercado se dispare.

> *Por ejemplo, está el ciclo de cuatro años que sigue al ciclo de elecciones presidenciales de los Estados Unidos. Antes de que los nuevos presidentes puedan demostrar su potencial en la Casa Blanca, el mercado de valores suele estar en un estado de baja acción hasta que se aclare en qué dirección sus políticas dirigirán al mercado.*

Los analistas bursátiles también han ideado un ciclo que parece unir los principales mercados bajistas de 1929, 1987, 2000 y 2013. Este ha sido nombrado el ciclo de 17,6 años de Balenthiran en honor a los analistas financieros que lo propusieron.

Indicadores Técnicos

Cuando se trata de los métodos específicos para identificar grandes oportunidades comerciales, tenemos los siguientes indicadores técnicos:

La Medía Móvil de Convergencia y Divergencia (MACD)

La MACD, o Medía Móvil de Convergencia y Divergencia, indica el impulso de una acción al comparar sus promedios móviles. Una media móvil es un indicador técnico que combina los puntos de precios de una acción durante un periodo de tiempo específico (por ejemplo, cada 14 o 26 días), y se divide por el número de puntos de datos dando como resultado una sola línea de tendencia. Esto ayuda a determinar la dirección de la tendencia actual, ya que da una indicación de la dirección de la acción al eliminar las pequeñas variaciones. Específicamente, la MACD calcula la diferencia entre dos promedios móviles exponenciales o simples.

Las Bandas de Bollinger

Este instrumento de análisis técnico mide la diferencia entre la desviación negativa y positiva de la media móvil simple (SMA). Esta se calcula de la siguiente manera: Tomemos el caso de una media móvil simple de la empresa "Y". Supongamos que los últimos cinco precios de cierre de la empresa "Y" son:

31+33+34+32+36 = 166

Para calcular la media móvil simple, divida el total de los precios de cierre por el número de periodos. Esto significa que el SMA de 5 días= 166/5=33.2. la línea de SMA es, por lo tanto, la SMA de todos y cada uno de los días. La Banda de Bollinger, por otro lado, mide las desviaciones de estos puntos de SMA.

Gráfico 1: Una representación gráfica de la banda de Bollinger (Hayes, 2019).

Puntos de Precios

El precio de una acción se mueve a través de ciertos puntos durante unos pocos días. Para los operadores, los puntos de precios más importantes son el pivote, resistencia y soporte. El pivote es el punto de precio a partir del cual el precio de una acción se desvía hacia arriba o hacia abajo, siendo el soporte el punto de precio más bajo al que puede caer y la resistencia el punto de precio más alto al que se puede llegar. Los operadores observan estos puntos para determinar cuándo comprar y cuando vender.

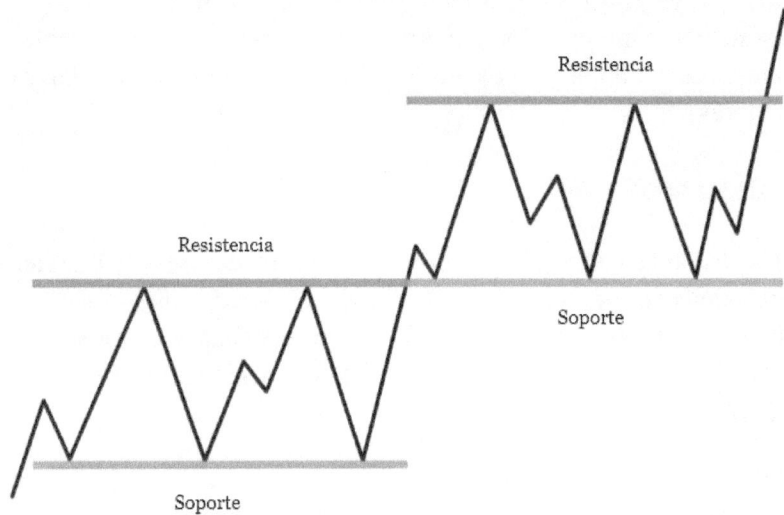

Gráfico 2: La Resistencia y los puntos de precios de apoyo de una acción. Observe cómo la resistencia se convierte en el soporte cuando el precio sube. (Gupta, 2019).

Gráficos

Un gráfico de precios es una secuencia de precios trazados a lo largo de un periodo de tiempo específico. Por lo tanto, un gráfico de una hora será una representación gráfica de las cotizaciones bursátiles de cada hora. Con las operaciones bursátiles en línea, uno puede tener acceso a los gráficos en varios periodos de tiempo de 1 minuto, 5 minutos, 15 minutos o incluso una semana. Por lo tanto, los operadores de bolsa también tienen la opción de confiar en los gráficos como una forma de análisis técnico para encontrar oportunidades de negociación utilizando las siguientes herramientas:

Teoría de las Ondas

Este principio de análisis técnico considera los ciclos del mercado, la psicología del mercado y los precios altos/bajos para pronosticar los precios futuros. El principio básico de la teoría de las ondas es que la psicología de las personas que impulsan las acciones de los operadores en el mercado de valores crea patrones distintos que pueden ser seguidos con un alto grado de precisión.

A Ralph Nelson Elliot se le atribuye lo que comúnmente se conoce como la Onda de Elliot. Estableció patrones que caracterizan los movimientos del mercado de valores en una serie de ondas repetitivas, o patrones, con características específicas, y los promovió como un medio para predecir los movimientos futuros del mercado. Los operadores que utilizan gráficos para negociar utilizan este análisis para entrar y salir de las operaciones. Entrando en la operación por el extremo inferior de la banda y saliendo por el extremo superior de la banda.

Reversiones

Las reversiones se producen cuando el precio de una acción cambia de dirección después de operar una dirección determinada durante un tiempo. Hay dos tipos de reversiones: inferior y superior. En una reversión inferior, una acción que ha estado en baja durante un tiempo se invierte en una dirección ascendente. Una reversión superior ocurre cuando una acción con tendencia alcista se invierte en una trayectoria descendente. Algunos operadores buscan estas oportunidades de inversión para salir o entrar de las operaciones.

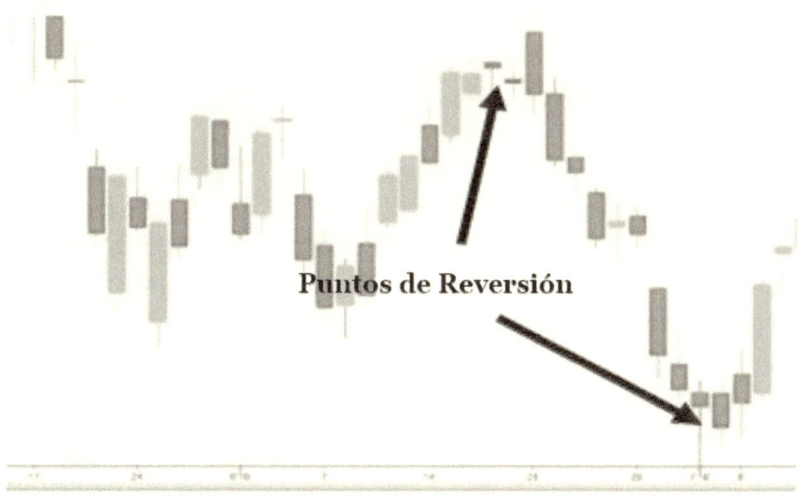

Gráfico 3: Reversiones superior e inferior (Trivisonno, 2019).

Rupturas

El punto de ruptura de una acción es el punto en el que el precio comienza un movimiento importante en una tendencia de alza o la baja. Los operadores de ruptura suelen tomar una posición en una acción tan pronto como comienza a moverse en esta dirección alcista o descendente, y ganan dinero de la subida o la bajada.

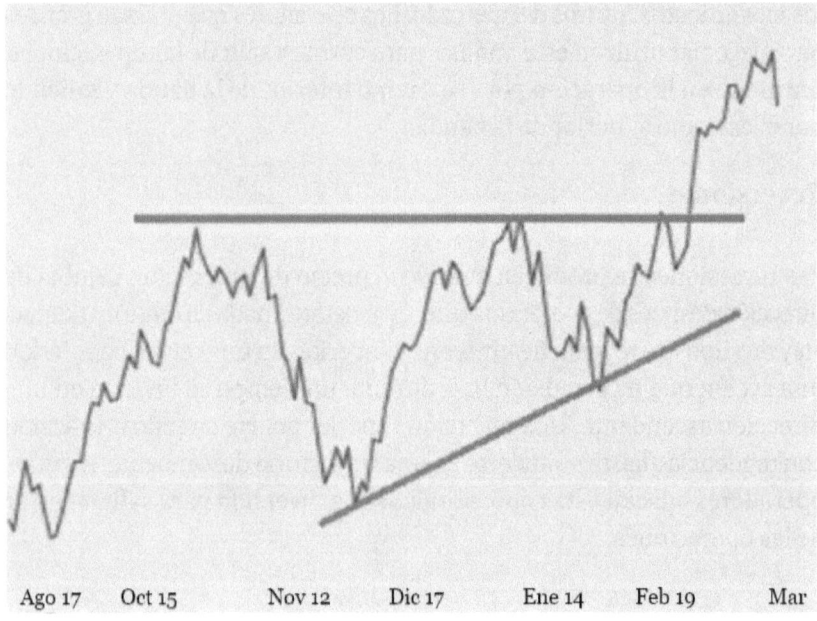

Gráfico 4: El punto de ruptura y la línea de negociación, con el precio de resistencia resaltado en azul (Hall, 2019).

El soporte y la Resistencia se utilizan para mostrar el margen de precio dentro del cual se espera que la acción tienda en un día, semana, mes o incluso año en particular. El soporte es el precio por debajo del cual una acción raramente se hunde. La resistencia es el precio por encima del cual casi nunca sube una acción. Cada vez que estos dos puntos de precio se rompen, se establece un nuevo punto de soporte o de resistencia por debajo y por encima del precio inicial, respectivamente.

Todos estos puntos en un gráfico indican oportunidades comerciales cuando se miran de la manera correcta. Al comprender los puntos de reversión, ruptura, soporte y resistencia de una acción, los operadores pueden calcular los puntos de entrada y salida más rentables de una acción determinada.

Apalancamiento de la Investigación de los Profesionales

Una de las estrategias que han sido utilizadas por los comerciantes e inversionistas inteligentes, pero sin experiencia es la de "copiar a los profesionales", en la que un comerciante sigue de cerca las actividades comerciales de otros operadores más experimentados y ejecuta las mismas operaciones que ellos. Debido a que estos operadores e inversionistas experimentados tienen las herramientas y el conocimiento para hacer movimientos ganadores, usted está casi seguro de ganar dinero cuando los copia. Por supuesto, también cometen errores y usted podría terminar encontrando una gran pérdida porque estaba demasiado seguro al copiar sus actividades. Además, no todos los operadores transmiten su actividad comercial en Twitter para que todos las vean. Si no puede encontrar a un "profesional" para seguirlo y copiarlo, puede utilizar las estrategias que se describen a continuación para convertirse usted mismo en un operador de primera.

Cómo Obtener los Secretos de los Formularios 13-F y 10-K

Los formularios 13-F y 10-K son un tesoro de información. Cada trimestre uno puede tener un pico en las mentes de algunos de los mejores y más exitosos operadores y gestores de fondos. Los inversionistas institucionales con más de $100 millones en activos de capital bajo administración están obligados por ley a revelar públicamente sus tendencias a la comisión de Bolsa y Valores de los Estados Unidos (U.S Securities and Exchange Commission SEC) en el formulario 13-F dentro de los 45 días posteriores al final de cada trimestre. Anualmente, las compañías deben llenar el formulario 10-K. Estos son formularios públicos. La revisión de estos formularios revela las decisiones de inversión y puede ver si las acciones que han comprado son adecuadas para usted. Esencialmente, esto reduce la muestra de las acciones que necesita investigar. La información contenida en los formularios de la empresa de Warren Buffet es muy útil ya que es uno de los inversionistas de mayor valor de nuestro tiempo. Es aconsejable revisar estos formularios como parte de su búsqueda de oportunidades de inversión.

Informes Trimestrales

Los informes trimestrales resumen la información financiera y contable de una empresa. La información contenida en ellos incluye los estados de flujos de efectivo, ingresos, gastos y ganancias. Los gerentes de las empresas suelen hablar durante la publicación de los informes trimestrales, presentando a los inversionistas y analistas, indicadores de rendimiento y una gran cantidad de sugerencias sobre el futuro financiero de la empresa. Revisar los Estados de Flujo de Caja, el Balance General y el informe de Ingresos y Gastos le permitirá medir la solidez de la empresa y, por lo tanto, le guiará en la toma de decisiones. Una forma es mirar el estado de flujo de caja trimestral de una empresa. Un balance de flujo de caja negativo es una señal de alerta y usted necesita pensarlo dos veces antes de invertir en una compañía de este tipo. Tenga en cuenta que la mayoría de las cifras se expresan normalmente en millones. Los estados financieros de cualquier empresa son documentos públicos y se pueden encontrar en la web. Uno puede obtener estos detalles de Yahoo Finance buscando en el ticker de la empresa y haciendo clic en los "estados financieros". Dentro de los estados financieros, encontrará un Balance General, un Estado de Ingresos, y un Flujo de Caja. A continuación, se muestra un ejemplo de Estado de Flujo de caja que muestra un saldo positivo al 31 de diciembre de 2018. La clave es examinar los cambios en el efectivo y los equivalentes de efectivo y una revisión de las principales razones que provocan el flujo de efectivo positivo o negativo.

FLUJO DE CAJA

Todos los números en miles

Periodo que finaliza	12/31/2018	12/31/2017
Ingresos Netos	22,112,000.00	15,934,000.00
Actividades de Operación, Flujis de Caja Provistos o Utilizados en Depreciación	4,315,000.00	3,025,000.00
Ajustes en el Ingreso Neto	4,374,000.00	3,370,000.00
Cambios en las Cuentas por Cobrar	(1,892,000.00)	(1,609,000.00)
Cambios en los Pasivos	274,000.00	47,000.00
Variaciones de Inventario	-	-
Cambios en Otras Actividades Operativas	91,000.00	3,449,000.00
Flujo de Caja Total de las Actividades Operativas	**29,274,000.00**	**24,216,000.00**
Actividades de Inversión, Flujos de Cajas Provistos o Utilizados en Gastos de Capital	13,915,000.00	6,733,000.00
Inversiones	2,474,000.00	13,250,000.00
Otros flujos de Caja de Actividades de Inversión	(25,000.00)	(13,000.00)
Flujo de Caja Total de las Actividades de Inversión	**11,603,000.00**	**20,118,000.00**
Actividades de Financiación, Flujos de Caja Provistos o Utilizados en Dividendos Pagados	-	-
Venta Compra de Existencia	-	-
Deuda Neta	500,000.00	500,000.00
Otros flujos de Caja por las Actividades de Financiamiento	15,000.00	13,000.00
Total de Flujo de Caja por las Actividades de Financiamiento	(15,572,000.00)	(5,235,000.00)
Efecto de las Variaciones de los Tipos de Cambios	(179,000.00)	(232,000.00)
Variación de Efectivo y Equivalentes de Efectivo	**1,920,000.00**	**905,000.00**

Millonarios Inspiradores

— **James Harris Simons** comenzó como matemático y utilizó modelos matemáticos para evaluar las condiciones del mercado y predecir los precios futuros. Simons, que vale más de $21 billones, es conocido como el científico que descifró Wall Street.

— **John D. Arnold** es un antiguo comerciante de gas natural con un valor neto actual de más de $3 billones. Se le recuerda por haber sido recompensado con la suma de $8 millones, la mayor bonificación de la historia de Enron.

— **Lawrence D. Hite** es uno de los fundadores de los estilos de los sistemas de comercio, haciendo una fortuna de más de $100 millones para sí mismo en el proceso.

— **Jack D. Schwager** es un comerciante y autor con un valor neto de más de $1 millón.

— **Larry Robbins**, con un valor de más de $2 billones, es un inversionista y fundador de Glenview Capital Management.

Capítulo 5

Estrategias para Triunfar en el Mercado de Valores

Cualesquiera que sean sus objetivos, y cualquiera que sea la duración de su participación en el mercado siempre tendrá opciones en sus esfuerzos por ganar dinero. Como se dijo antes, usted puede ser un inversionista y jugar el juego a largo plazo, o puede ser un comerciante a corto plazo y operar diariamente. A veces, se hace referencia a los operadores como inversionistas porque ponen su dinero en el mercado de valores, aunque sea por corto periodo de tiempo. Sin embargo, usted no puede referirse a sí mismo como un comerciante si usted es un inversionista que mantiene su posición en una acción durante más de un año. En este capítulo, veremos cómo puede lograrlo y tener éxito tanto en la inversión como en el comercio.

Negociaciones (Trading)

La negociación abarca todas las operaciones de la bolsa en las que la posición de una acción tomada por un inversionista en la misma no dura más de un año.

Operaciones del Día

Los operadores diarios entran y salen de las posiciones de acciones dentro del día de negociación de las acciones. Se aprovechan de los pequeños cambios en el precio de una acción para ganar dinero.

Comprar y Mantener (Buy & Hold)

Cuando un operador anticipa que el precio de una acción subirá enormemente, compra la acción a un precio bajo y la mantiene anticipando que el precio subirá. Esta estrategia es mejor cuando usted tiene alguna información o inteligencia sobre maniobras anticipadas de cambio de precios por parte de una compañía. Este enfoque es adoptado por los operadores swing, aquellos cuyo plazo de negociación es largo, generalmente más de tres meses. Si usted se siente cómodo con los fundamentos de una compañía, entonces mantener las acciones mientras espera una subida de precios es el enfoque a seguir. Los operadores más avanzados utilizan opciones de compra en vez de comprar y mantener.

Negociaciones de Tendencia

El Mercado de valores sube y baja a lo largo de las temporadas. Con las negociaciones de tendencia, los operadores aprovechan estos ciclos para ganar dinero. El seguimiento de la tendencia también se denomina swing trading cuando se precisa una subida o bajada en el precio de una acción. Los operadores de tendencias a menudo utilizan gráficos y puntos de pivote en diferentes líneas de tiempo para entrar y salir de sus operaciones.

Negociación de Opciones

Esta nueva e innovadora estrategia de negociación de acciones implica la compra de una posición en las acciones de una empresa en algún momento. Una opción otorga al comerciante el derecho, pero no la obligación, de comprar o vender un número determinado de acciones a un precio determinado. Las opciones se venden en lotes de 100 acciones. Una opción de compra es un contrato en el que se espera que el precio de la acción aumente. Una opción de venta, por otro lado, es un contrato en el que usted entra esperando que el precio de la acción caiga. Estas dos son la base de las muchas estrategias de opciones. Algunas de estas estrategias son Llamada Cubierta (Covered Call), Condor de Hierro (Iron Condor), Mariposa Spread (Butterfly Spread), Diferencial de Calendario (Calendar Spread), entre otras. Por lo tanto, la negociación de opciones permite a la gente realizar ventas en corto, en las que las acciones se venden al precio actual (alto) y se compran en el futuro cuando el precio baja. Otro conjunto de opciones son los Valores de Anticipación de Acciones a Largo Plazo (LEAPS) – opciones. Estas opciones son a largo plazo y tienen una vigencia de entre uno y tres años. El costo de los LEAPS es mínimo en comparación con la compra directa, lo que le permite participar en el movimiento de las acciones con una fracción de la inversión.

Por Ejemplo:

Usaremos una de las compañías que aparecen en el Nasdaq.
Precio actual (julio) de la empresa X = $203.30

Precio de ejercicio de la Opción de Compra de septiembre $210 = $5.15

Esto significa que por cada opción tendrá que pagar %5.15 X 100 = $515 usted puede ganar en caso de que las acciones se muevan más alto que el precio de ejercicio $210. Por el contrario, para que usted se beneficie de una compra directa, tendría que haber invertido $203.30 X 100= $20,330.00 Esto demuestra que, con las opciones, usted se arriesga a una cantidad menor de $515 y aun así posicionarse para obtener grandes ganancias.

Otro enfoque es el uso de los LEAPS. Los cuales son opciones a largo plazo. Por lo tanto, para la misma compañía, la opción de compra (Leap Call) se junio de 2021 por un precio de ejercicio de $210 es de $25.90 x 100, lo que equivale a $2,590.00. Con la naturaleza a largo plazo de los LEAP, usted puede elegir el momento apropiado para vender cuando el LEAP entra en rentabilidad. Es importante notar que, aunque sea un contrato, es líquido, y uno puede vender o comprar en cualquier punto dado en el momento de la opción. Los operadores utilizan estas opciones como una forma de ganar dinero.

Inversión

Como se mencionó anteriormente, los inversionistas están preocupados por las perspectivas a largo plazo de una acción. Los fundamentos de una empresa son más importantes para estos inversionistas que los movimientos del día a día y los indicadores técnicos de estas acciones. Los inversionistas se convierten en copropietarios de la empresa durante la duración de su participación accionarial. Aparte de cuando desinvierten, los inversionistas ganan dinero con sus acciones a través de algunos de los procesos que se mencionan a continuación.

Dividendos

Las acciones de dividendos son aquella que recompensan a sus titulares con una parte de las ganancias de la compañía. La cantidad y el método de pago son decididos por el consejo de administración de la compañía y pueden ser pagados en efectivo, acciones y otros activos. El dinero que se paga a un inversionista en forma de dividendos es básicamente dinero gratuito que le da la empresa. Los inversionistas de dividendos siempre están buscando acciones en las que invertir y buscan empresas sólidas que paguen dividendos. ¿Desea recibir dinero en efectivo todos los trimestres? Entonces, las acciones que pagan dividendos son su opción. Pero hay que tener en cuenta que los dividendos son a veces una pequeña cantidad y requieren una inversión sustancial para recibir una buena cantidad. Cabe señalar que cualquier plataforma de corretaje de comercio en línea tiene herramientas de selección. Estas herramientas pueden clasificar las acciones en función de los dividendos pagaderos. Cada compañía que paga dividendos revela esto en sus informes. Por lo tanto, se revisarán las acciones seleccionadas y se decidirá en qué acciones invertir en función de factores tales como la liquidez y la situación de flujo de caja. Algunas compañías también tienen Programas de Reinversión de Dividendos que le conducen a la capitalización de su posición en la compañía. Este es uno de los enfoques que utilizan los inversionistas para invertir en las empresas.

División de Acciones

Las empresas a veces dividen sus acciones en muchas más acciones en un intento de mejorar su liquidez. El precio suele bajar después de una división de acciones, lo que hace más fácil que el mercado cambie una acción de un lado a otro. Cuando usted es un inversionista y la compañía divide sus acciones, el resultado es que usted es dueño de más acciones de la compañía. Si la acción sigue funcionando bien en la bolsa y vuelve al precio original antes de la división, su dinero se multiplica esencialmente por la misma proporción que la compañía lo dividió. Por ejemplo, si las acciones se dividieron una por dos, su participación se multiplica por dos. Es una gran opción, especialmente si se dirige fundamentalmente a empresas sólidas. El aumento del número de acciones le dará la oportunidad de vender opciones sobre las acciones que posee o incluso aumentar su pago de dividendos previsto. Una vez más, esta lista se publica en las Bolsas de Valores indicando la división de acciones esperadas mensualmente.

Inversión de Valor

La inversión de valor es una estrategia en la que los inversionistas eligen acciones subvaluadas con la esperanza de que el precio se ajuste al alza en el futuro. Los inversionistas generalmente consideran el comercio de valor como el equivalente a comprar un billete de un dólar por 90 centavos. Algunos de los inversionistas más prominentes de nuestra época han hecho su fortuna dominando los conceptos de inversión de valor. Warren Buffet, que es, sin duda el hombre más rico del mercado de valores, utiliza la inversión de valor. La mayoría de los inversionistas de valor utilizan los ratios Precio a Ganancia, Precio a Libro, evalúan la gestión y luego analizan el flujo de caja de la empresa antes de realizar las inversiones.

Una Mirada a Warren Buffet y su Estrategia

La fortuna de Warren Buffett es de más de $80 billones y ha sido posicionado como el tercer hombre más rico de todo el mundo. Su fortuna proviene principalmente de la inversión. Es el fundador de Berkshire Hathaway y se le conoce popularmente como el "El Oráculo de Omaha".

La estrategia de inversión utilizada por Warren Buffett y su firma de inversión Berkshire Hathaway explota las ineficiencias que existen en la fijación de precios de las acciones. En la inversión de valor, no solo se compra una acción porque tiene el potencial de dar buenas ganancias a corto plazo. De hecho, la inversión de valor es intrínsecamente un plan de juego a largo plazo. Se identifica una acción cuyo precio se fija por debajo del valor contable, se toma una posición y se espera a que el mercado se ponga al día. Debido a que los inversionistas responden a las noticias positivas y a las tendencias de los precios más que a los análisis fundamentales como las cotizaciones bursátiles pasadas, puede pasar un tiempo antes de que el precio llegue a un nivel en el que pueda salir y obtener una buena ganancia.

La estrategia de inversión de Warren Buffett se puede resumir en una sola frase: "el mercado de valores es un concurso de popularidad a corto plazo, pero se convierte en una balanza a largo plazo". Las cosas que Buffett busca comúnmente en una empresa incluyen el potencial de crecimiento a largo plazo, la gestión y las medidas financieras.

La gerencia juega un papel muy importante en la capacidad de un negocio para obtener ganancias y crecer consistentemente. Una empresa con un buen equipo directivo, además de estar subestimada, presenta una maravillosa oportunidad de inversión para inversionistas de valor como Buffett.

Vale la pena señalar y repetir que los inversionistas de valor consideran los ratios de P/E y P/B, el flujo de caja libre y el resultado final. Si a una empresa le va bien en todos los aspectos y sigue estando subestimada, entonces representa una gran oportunidad para que usted se beneficie.

El potencial de crecimiento a largo plazo es una medida cualitativa que evalúa el potencial de una empresa para expandirse y aumentar su volumen de venta y ganancias en el futuro.

Para obtener la información que utilizan los inversionistas de valor como Warren Buffett, debe consultar los informes financieros de Berkshire Hathaway. Analizando los informes trimestrales y anuales, especialmente el Formulario 10-K y el 13-F, usted determinará qué inversiones se han hecho y decidirá si alguna de ellas es adecuada para usted.

Si desea ser un inversionista de valor, debería empezar a identificar los valores infravalorados evaluando el precio en el mercado de valores con los resultados financieros de cada empresa. Después de identificar a los posibles candidatos para su cartera de inversiones, debe planificar el punto de entrada más rentable antes de comprar las acciones utilizando los gráficos, puntos de pivote (puntos de resistencia y soporte) y cualquier otro factor que pueda ser clave para el precio.

Millonarios Inspiradores

— **David Shaw** ha sido una fuerza revolucionaria en el mercado de valores, introduciendo la negociación automatizada por cuenta propia a Morgan Stanley en 1986. Sus algoritmos patentados de operaciones automatizadas han ganado una prominencia generalizada en el mercado de valores hoy en día. Tiene un valor de más de $6 billones.

— **Stanley Druckenmiller** es un inversionista y antiguo gestor de fondos de cobertura que participo en el infame evento en el que George Soros quebró el Bank of England y ganó más de $1 billón.

— **Martin Schwartz** es un operado de Forex, acciones y opciones muy exitoso. Utiliza la regla de los tres días en sus operaciones, lo que le asegura los mejores precios y, por lo tanto, mayores márgenes de ganancia. Se convirtió en el centro de atención cuando ganó el Campeonato de Inversión de Estados Unidos (U.S. Investing Championship) en 1984.

— **Andrew Krieger** es otro brillante comerciante de acciones y Forex que ha hecho una sola transacción que resiste la prueba del tiempo. Durante el Lunes Negro de 1987, cuando cayó el dólar neozelandés y ganó $300 millones para su compañía.

Capítulo 6

Riesgos Asociados con la Negociación

El mercado de valores le presenta a usted como inversionista o comerciante numerosas oportunidades para ganar dinero, pero tiene que tomar algunas precauciones para asegurar la fortaleza continua de su inversión. La negociación es una de las estrategias más volátiles para capitalizar en el mercado de valores para obtener ganancias.

Un riesgo es cualquier situación o evento que lo exponga a uno al peligro. Al operar, uno puede fácilmente exponerse a varios riegos. Los riesgos son tanto internos como externos. Los internos son los que son controlables para el inversionista y los externos lo que resultan de factores macro incontrolables. Veamos algunos de los riesgos de los que debe ser consciente.

Tipos de Riesgos

Los siguientes son algunos de los mayores riesgos extremos que usted debe conocer como operado de bolsa:

Riesgo por los Titulares

La mayoría de las veces, los titulares que aparecen en los periódicos amortiguan el ambiente en el mercado de valores o aumentan la confianza en él. Cuando ocurre lo primero, muchos comerciantes pierden dinero en sus activos actuales porque los precios de sus acciones caen. La crisis hipotecaria de 2008, Brexit en 2016 y las disputas comerciales entre China y Estados Unidos en 2019 en América son solo algunos de los titulares que tuvieron mayor impacto en el mercado de valores. Lo que esto significa es que, si usted posee acciones de alguna de las compañías que se ven directamente afectadas por estos titulares, perderá dependiendo de su posición, ya que los precios pueden caer, sustancialmente de noche a la mañana.

Detección de Riesgos

Las empresas que cotizan en la bolsa a menudo hacen todo lo posible por mantener una apariencia externa sólida y de rentabilidad, incluso cuando la empresa se está desmoronando desde adentro. Cuando intervienen los auditores y las instituciones de cumplimiento, la ilusión se hace pedazos y las acciones caen en picada. El colapso de Lehman Brothers en 2008 fue un colapso sorprendente que le costó millones a la bolsa de valores.

Llevar a cabo la debida diligencia sobre una empresa antes de comprar sus acciones es de gran ayuda. Comprar empresas con altos flujos de caja es una forma de hacer frente a este riesgo. La mayoría de las veces, es muy difícil para las empresas ocultar los problemas relacionados con la Situación de Caja. Utilice el Estado de Flujo de Caja como una gran herramienta para eliminar el riesgo de compañías poco sólidas.

Riesgo de la Tasa de Interés

Todas las empresas que cotizan en la bolsa se enfrentan a este riesgo. En esencia, el tipo de interés vigente de los préstamos en la economía tendrá un efecto adverso en el precio de las acciones en todos los mercados de valores. Cada vez que los tipos de intereses suben, menos personas pueden permitirse el lujo de apalancar las operaciones con acciones y menos personas participan en las operaciones, lo que da lugar a que los precios bajen. Además, un aumento en la tasa de intereses significará un alto costo de la deuda. Los préstamos que tiene la empresa serán costosos y esto reducirá los beneficios de la empresa. El Flujo de Efectivo se reducirá a medida que se utilice más dinero para pagar los intereses de los prestamos (deuda) tomados. Esto hará que los precios de estas empresas bajen como resultado. Si usted ha invertido en una compañía que está altamente apalancada (tiene demasiadas deudas) debe ser consciente de este riesgo.

Riesgo de Obsolescencia

El ciclo de vida de una empresa rara vez va más allá de los 100 años sin diversificarse. El riesgo de que un negocio antiguo quede obsoleto se ve alimentado por la competencia y el paso del tiempo. Para ilustrar aún más este punto, General Electric, una de las empresas más antiguas de Estados Unidos, está luchando por volver a su antiguo estatus de empresa de alto rendimiento en el mercado de valores, ya que su negocio principal se hunde en la era digital. Microsoft, IBM e incluso Blackberry han tenido que recurrir a la computación en la nube para ayudarles a tener ventaja en el panorama tecnológico actual.

Protección Ante los Riesgos

Identificamos los riesgos para poder protegernos de los efectos asociados a ellos.

Para superar estos riesgos, usted debe decidir qué tipo de estrategia de inversión desea adoptar. A continuación, debe realizar una investigación exhaustiva de la empresa en la que desea invertir con el fin de mitigar los riesgos. Si usted es un inversionista de valor, los riesgos por titulares son sólo una oportunidad de oro para que usted aumente su apuesta. Por lo tanto, usted venderá cuando otros están comprando y comprará cuando otros están vendiendo. De esta manera, usted siempre capitalizará en precios bajos para comprar y precios altos para vender. En cuando a los otros riesgos mencionados anteriormente, como los riesgos de la tasa de interés y de obsolescencia, es necesario revisar minuciosamente los estados financieros de la empresa en la que planea invertir. Una forma de mitigar estos riesgos es iniciando posiciones de corte de pérdidas para todas las acciones. Alternativamente, puede comprar opciones de venta para protegerse de una venta masiva. Esto asegurará que, si ocurre que los precios de las acciones caen, usted sólo perderá un porcentaje marginal de su inversión.

Además de lo anterior, para mantenerse al tanto de su negocio de comercio de acciones, usted necesita hacer lo siguiente:

Evalúe su Cuenta de Jubilación

Tradicionalmente, muchas personas consideran que su cuenta de jubilación es segura y que no hay necesidad de participar en su gestión una vez que se han afiliado al fondo de pensiones. Este punto de vista no es necesariamente bueno dado que la persona con mayor interés en la cuenta de jubilación es usted. Cada trimestre, es aconsejable revisar el fondo de jubilación y, cuando sea necesario, reasignar los fondos de las acciones de bajo rendimiento a aquellas que le proporcionen una mejor ganancia.

Los planes de jubilación de contribución definida han cambiado bastante en las últimas décadas con la aprobación de varias legislaciones para protegerlo a usted como beneficiario. El primer paso que debe dar al evaluar su plan de jubilación es revisar la misión general de su empleado 401(K). Después de esto, analice las estrategias utilizadas por la gerencia del plan. ¿Están practicando la debida diligencia para proteger su jubilación? Por último, el rendimiento continuo del plan debe indicarle si es seguro seguir invirtiendo en él o tomar el control directo del 401k.

Para proteger su fondo de jubilación, usted debe administrar su cartera adecuadamente a lo largo del tiempo. A medida que envejece, debería empezar a invertir más y más en inversiones más seguras, aunque no generen altos ingresos. La razón detrás de este consejo es, en primer lugar, que necesita la protección del capital, más flujo de caja y no estar preocupado por las fluctuaciones del mercado que podrían diezmar su cuenta que es un activo para usted en su jubilación.

Otro punto importante que debe considerar es revisar los fondos mutuos y los fondos de índice y asegurarse de que las comisiones que se cobran son las que usted conoce. Los cargos pueden disminuir fácilmente su capital.

Revise sus Resultados Trimestrales

Ya sea que usted esté participando en el Mercado de Valores como inversionista o como comerciante, debe llevar a cabo cada parte de sus operaciones como si fuera un negocio. En su negocio, el informe trimestral es la medida más importante de su rendimiento. Puede utilizar el informe trimestral de su cartera o fondo de operaciones para ajustar algunas cosas en cualquiera de ellas para hacerlas más efectivas. Si no revisa su progreso trimestral, podría ignorar o no estar al tanto de algunos errores críticos que podrían costarle mucho más tarde.

Como operador diario, el registro diario de las transacciones es clave y revisar las tendencias de sus acciones puede ayudar a adoptar las mejores prácticas y estrategias.

Cuidado de los Estafadores

A medida que continúe investigando los diversos aspectos del mercado de valores en preparación para comenzar a opera o invertir en acciones, visitará invariablemente muchas páginas web. Su huella de búsqueda en Internet probablemente lo expondrá a operadores engañosos que trataran de persuadirlo para que haga una cosa u otra. Debe tener mucho cuidado con los correos electrónicos de las personas con las que no se ha puesto en contacto; no comparta fácilmente su información financiera a menos que la institución sea una con la que se haya puesto en contacto. Revise todos los correos electrónicos que reciba, todas las páginas web que visite y todos los anuncios que vea para asegurarse de que no son estafadores para robarle su dinero ganado con tanto esfuerzo y sea prudente a la hora de hacer clic en descargas desconocidas. Algunos incluso pueden promover acciones de un centavo prometiendo ganancias extraordinarias. No tome la información de manera rápida y fácil; haga su debida diligencia.

Impuestos

Un factor que debe tener en cuenta a la hora de decidir si invierte o negocia diariamente es la implicación de impuestos. Es vital tener en cuenta que cada ganancia o pérdida se trata de forma diferente y, por lo tanto, se gravan de forma diferente. El impacto es algo que hay que tener en cuenta.

El gobierno de los Estados Unidos impone un impuesto sobre las ganancias de capital por cada ganancia que usted obtenga de la venta de acciones. Una ganancia de capital es el ingreso obtenido de la acción.

Veamos un ejemplo:
Usted compra la acción de la empresa "Y" por $250 el 2 de enero de 2019.

A continuación, venda las acciones de la empresa "Y" por $350 el 3 de julio de 2019.

Dada la venta, se le pedirá que muestre un impuesto a las ganancias de capital de $100 en su declaración de impuestos del año fiscal 2019. Que es $350 - $250. Estos $100, debido a que es una ganancia que usted obtuvo al mantener la acción por menos de un año (Comprada el 2 de enero de 2019 y Vendida el 3 de julio de 2019), usted estará a su tasa actual de impuestos. Dependiendo de su nivel de impuestos, este podría ser del 10%, 12%, 22%, 24%, 32%, 35% o 37%. Por lo tanto, las ganancias de capital de $100, si usted se encuentra en el nivel más alto 37%, esto significará que su neto de impuestos antes de otros gastos será de $100 - $37 = $63 después de impuestos pero antes de otros gastos tales como honorarios de corretaje. Su comprensión de esto es vital para saber cuánto está ganando en cada venta.

Veamos un caso diferente.
Usted compra una acción de la empresa "Y" por $250 el 2 de enero de 2019.

A continuación, vende las acciones de la empresa "Y" por $350 el 3 de enero de 2020.

Dada la venta, se le pedirá que muestre un impuesto sobre las ganancias de capital de $100 en su declaración de impuestos del año fiscal de 2020. Que es $350 - $250. Estos $100, debido a que es una ganancia que usted obtuvo al mantener la acción por más de un año (Comprada el 2 de enero de 2019 y Vendida el 3 de enero de 2020), usted estará a una tasa de impuestos más baja.

Dependiendo de su ingreso gravable y de su estado civil, los $100 se gravarán al 0%, 15% y 20% para el primer, segundo y tercer tramo de impuestos, respectivamente. Como puede ver, existe la posibilidad de que no pague impuestos en absoluto, dependiendo de su tasa de impuestos.

Sin embargo, la IRS da a los comerciantes un indulto de las pérdidas que hacen en el transcurso de su comercio. Por esta razón, las pérdidas de capital se tienen en cuenta al determinar el ingreso fiscal neto de sus actividades comerciales. Al final, sólo se pagan impuestos sobre las ganancias netas.

Le recomendamos que consulte con su contador, quien le dará una idea más clara de cuál será su situación específica.

Millonarios Inspiradores

— **Kenneth Griffin** comenzó a invertir temprano en sus días universitarios, manejando hasta $1 millón mientras estudiaba en Harvard. Actualmente dirige Citadel LLC, que él mismo fundó. Actualmente tiene un patrimonio neto de $9.9 billones.

— **Julian Robertson** comenzó su carrera en el mercado de valores como corredor de bolsa de Kidder, Peabody & Co. antes de crear su propia empresa. Su patrimonio neto es ahora de más de $4 billones.

— **Geraldine Weiss** fue excluida del mercado de valores por las leyes sexistas que existían antes. Tuvo que usar el nombre de un hombre para establecerse no solo como una gran comerciante, sino también como escritora. Antes de que el mercado se liberalizara, ella usaba el nombre de un hombre para ambos. Ella creía en la inversión de valor y abogaba por centrarse en los dividendos en lugar de las ganancias.

Aunque **Jesse Lauriston Livermore** murió hace más de 70 años, su legado perdura. Como inspirador de Warren Buffett, sus principios de inversión y comercio han dado forma al mercado de valores actual más que a cualquier otro. Estaba valorado en $100 millones, lo que en dólares de hoy equivale a más de $1.5 billones.

— **Abigail Johnson** es la actual Directora Ejecutiva CEO y Presidenta de Fidelity Investments, una de las firmas de corretaje de valores más grandes del mundo. Comenzó su carrera en el mercado de valores como gestora de cartera antes de ascender a su puesto actual. La riqueza de Johnson es de $16 billones, lo que la clasifica como una de las mujeres más ricas del mundo.

Capítulo 7

Reglas para las Ganancias a Largo Plazo

La obtención de ganancias en el mercado de valores no es algo natural. Tiene que trabajar por cada dólar que gana. En este capítulo, veremos algunas de las reglas que usted debe considerar para ganar dinero como operador de bolsa o inversionista.

Establecimiento de Objetivos

Nada puede ser peor y más prejudicial que el comercio sin un objetivo claro. Significa que sus actividades nunca están enfocadas porque usted no tiene un objetivo particular. Cuando escriba su plan de operaciones, sea claro en cuanto a la cantidad de ganancias que desea obtener al finalizar.

Esto le permite determinar la ganancia total que debe obtener por operación en la búsqueda de la meta más grande. La claridad sobre la cantidad de dinero que cada operación debe darle le ayudará a determinar el punto de entrada y salida para cada operación. También debe tener claro el objetivo de ganancias cuando configure su sistema automático de negociación, especialmente porque este se adhiere estrictamente a cualquier nivel que usted le establezca.

Al establecer su punto de venta, no se vuelva demasiado codicioso. Una ganancia del 15% siempre es mejor que una pérdida del 1%, así que no mantenga y pierda estas bajas ganancias en la búsqueda de otras mayores. Puede establecer niveles de corte de pérdidas para asegurarse de que aproveche al máximo cada subida de precio sin poner en peligro su margen de ganancia.

Llevar un registro de sus actividades comerciales, estar constantemente al tanto de los promedios y trabajar para mejorar ambos son las marcas de un gran comerciante. Cuando una operación parece ir en contra de sus predicciones o expectativas, siempre es mejor reducir las pérdidas y encontrar la siguiente mejor opción en lugar de esperar a que los precios suban en el futuro. Es vital no estar tan apegado a un oficio determinado. sólo hay que tener en cuenta los precios de entrada y salida.

Construyendo su Cartera

Una cartera de acciones es simplemente la lista de acciones que usted posee en total y cómo se distribuyen.

Como inversionista, usted querrá crear una cartera compuesta por sus acciones, materias primas, divisas, bonos, fondos mutuos y ETFs. Una clara selección de los activos de su cartera le permite hacer frente a algunos de los retos más serios a largo plazo a la hora de invertir en el mercado de valores, como la volatilidad. Una cartera bien organizada le permitirá tener una inversión diversificada, lo cual es muy importante.

Diversificación

Una de las razones por las que creamos una cartera es para poder diversificarnos. La diversificación es una herramienta de gestión de riesgos que acumula varios tipos diferentes de activos con un riesgo acumulativamente menor y una mayor recompensa a largo plazo. Controlamos el riesgo en una cartera diversificada mediante el control del número de activos de alto rendimiento y de alto riesgo que se incluyen en la cartera.

Por ejemplo:
Cuando el precio del crudo suba, el precio de las acciones de las empresas de transporte bajará. Esto se debe a que esas empresas utilizan productos derivados del petróleo, como el combustible de aviones para la industria aérea, por lo que un aumento del petróleo significa mayores gastos, menores ingresos y, por lo tanto, un menor precio de las acciones. Por lo tanto, un ejemplo de diversificación seria incorporar tanto las acciones de las compañías aéreas como las de las compañías productoras de petróleo.

Reinversión

Una de las estrategias más constructivas que puede utilizar en la inversión de acciones reinvertir cualquier ganancia obtenida en una cartera de inversión para acumular una cartera de inversión más sólida. En una cartera de inversiones, usted obtiene principalmente ganancias en acciones de dividendos, que puede reinvertir en la misma empresa mediante programas de reinversión de dividendos. Alternativamente, puede utilizar el dinero para comprar las acciones de otra empresa. Este último es especialmente útil cuando se necesita comprar un tipo diferente de acciones para mantener una cartera diversificada y equilibrada.

Desinversión

Los inversionistas a menudo planifican su proceso de inversión y no se acomodan al proceso de desinversión. La desinversión es tan importante como cualquier otro proceso al momento de invertir. Al elegir el mejor punto para vender, usted debe aprender algunos de los trucos de los operadores diarios y los operadores swing tratando de vender sus activos en el punto donde el mercado está en el punto más alto. El simple hecho de cronometrar su punto de salida para que coincida con un punto de precio alto podría añadir una fortuna a sus ingresos. Un hecho es que los mercados tienen ciclos y comprar bajo y vender cuando el mercado está en su mejor momento puede resultar un enfoque muy rentable cuando se hace correctamente.

El Tema de la Edad

Su estilo de inversión a veces varía dependiendo de su edad. En primer lugar, los jóvenes están en mejores condiciones de empezar a operar y podrían asignar un mayor porcentaje de activos de su cartera a valores de crecimiento de alto riesgo. Una regla común utilizada para determinar el porcentaje de la cartera que cada grupo de edad debe dedicar a las inversiones de riesgo es la regla 100-x, donde x es la edad del inversionista. Así, un inversionista de 30 años dedicaría el 70% de su cartera de acciones, mientras que un inversionista de 70 años tendría el 30% de su cartera de acciones. Esto asume que cuando más mayor sea usted, mayor será su deseo de dinero en efectivo o acciones basadas en efectivo en comparación con las acciones basadas en el crecimiento.

Las 10 Reglas de Oro

Resumidas en simples indicadores, a continuación, se presentan algunas reglas que puede seguir para obtener ingresos de manera consistente y metódica como inversionista en el mercado de valores:

1. *Cree un Plan de Operaciones* — Un plan de operaciones describe sus puntos de entrada y salida y le ayuda a determinar su estrategia de administración de dinero. Revise la operación y revise con el objetivo de mejorar la próxima vez que realice la siguiente operación.

2. *Opere como los Profesionales* — Para ser un operador exitoso, usted debe comprar y vender acciones en el mercado de valores como un negocio. Piense en usted mismo como el dueño de un pequeño negocio y haga una estrategia para aprovechar cada oportunidad que se le presente. Utilice los recursos disponibles que le dan una idea de lo que están haciendo los profesionales. Use los formularios 10-K y 13-F para obtener más información.

3. *Utilice la Tecnología* — Existen numerosas herramientas tecnológicas disponibles para el empresario emprendedor. Puede utilizar herramientas tecnológicas para investigar, analizar, evaluar y ejecutar las ventas. Utilice la tecnología para estableces los puntos de entrada y salida.

4. *Protéjase del Riesgo Adverso* — Aunque uno no puede evitar los riesgos y pérdidas asociados con el mercado de valores con un 100% de certeza, usted debe proteger su capital comercial con estrategias prudentes de preservación del capital.

5. *Estudie los Mercados* — Usted debe mantenerse al tanto del funcionamiento del mercado y ser consciente de cómo esto afecta su cartera. Después de operar durante unos años, debería ser capaz de predecir el efecto que un informe económico tendrá en el mercado incluso antes de que se manifiesten los efectos.

6. *Proteja su Capital Comercial* —No puede darse el lujo de perder ese dinero invirtiendo grandes cantidades en operaciones "prometedoras" que pueden conducir fácilmente a pérdidas masivas. Los expertos recomiendan arriesgar entre 2-5% por operación para que puede mantener cualquier pérdida lo suficientemente pequeña como para soportarla. Como se ha mencionado anteriormente, deberían establecerse estrategias clara de protección de capital.

7. *Cree una Metodología Real de Operaciones* — Nunca tenga prisa por aprender. Tómese su tiempo para absorber cualquier información que encuentre en línea o en cualquier otro lugar antes de aplicarla. Algunas firmas de corretaje tienen operaciones con papel. Esto se puede hacer, pero recuerde que hasta que usted no opera y tenga dinero real en línea, es posible que el comercio en papel no le dé la sensación de ser un operador.

8. *Establezca los Precios de Salida y Corte de Pérdidas donde Aplique* — Incluso si está seguro de que la operación que está a punto de realizar dará como resultado un bueno negocio, siempre debe considerar la posibilidad de colocar un corte de pérdidas. De hecho, usted debe adoptar el hábito de utilizarlos en situaciones en las que sabe que su transacción será rentable, de modo que su dinero estará seguro en una operación en la que el precio se mueve en la dirección opuesta.

9. *Debe Saber Cuándo Parar* — Si, después de operar por un tiempo, usted nota que está estancado o que está perdiendo dinero, debe parar. Entonces, puede evaluar su plan de operaciones en busca de errores e inadecuación y analizar su propia estrategia de operaciones e incluso el entorno en busca de ineficiencias. Después de la evaluación, debe implementar los cambios necesarios para evitar más pérdidas.

10. *Mantenga sus Ojos en el Panorama General* — Una vez que haya establecido sus metas y objetivos comerciales, no permita que las pérdidas a corto plazo lo disuadan de seguir el camino que ha elegido para operar en la bolsa. Una pérdida simplemente previene una ganancia masiva, pero sólo si aprende la lección y la mantiene.

Millonarios Inspiradores

— **Steven A. Cohen** comenzó su carrera de inversión como comerciante junior en Gruntal & Co. antes de ascender rápidamente para convertirse en gerente de cuentas. El estilo comercial de Cohen siempre se ha caracterizado por ser "frecuente y rápido". Tiene un patrimonio neto de $12.8 billones.

— **Glenn Dubin** comenzó como corredor de bolsa de E. F. Hutton & Co. antes de unirse a su amigo de infancia para formar su propia firma de inversiones conocida como Dubin & Swieca. Actualmente tiene un valor de $2.1 billones.

— **Jim Rogers** comenzó su carrera en el mercado de valores como comerciante de acciones y bonos de Dominick & Dominick LLC. En 1973, fue cofundador de Quantum Fund, el primer fondo de inversión colectiva internacional del mundo, junto con George Soros. Tiene un patrimonio neto de $300 millones.

— **Ed Seykota** actualmente comercia con materias primas utilizando un sistema computarizado que desarrollo en 1970. Ed ha hecho la mayor parte de su fortuna de más de $5 billones capitalizando el comercio computarizado, incluyendo innovaciones en el comercio electrónico.

Capítulo 8:

Ingresos Pasivos en el Mercado de Valores

Un ingreso pasivo es la manera más deseable para que cualquier inversionista gane dinero. Su dinero trabaja para usted mientras que es libre de dedicarse a cualquier pasatiempo que desee. Una de las maneras más efectivas de hacer dinero pasivo es invertir en LEAPS, acciones de dividendos, opciones a corto plazo, acciones subvaluadas y acciones de crecimiento.

La reinversión de dividendos en acciones recompensa a los accionistas con una parte total de acciones poseídas, lo que da a los inversionistas la oportunidad de aumentar su participación en la misma empresa o utilizar el dinero para comprar un activo diferente. Las acciones que dan dividendos han superado a las que no los dan en términos de rentabilidad 2 a 1 en los primeros 5 años de inversión.

Una opción califica como ingreso pasivo porque le da todas las comodidades. Las opciones de compra y venta pueden ser vendidas cada mes por un ingreso mensual. LEAPS también pueden ser una gran fuente de ingresos. Puede vender o comprar y vender dependiendo del ciclo de la acción.

La inversión de valor poder compararse con la compra de billetes de $1 por 90 centavos. El hecho de que usted compre acciones a un precio tan bajo significa que el precio tiene una alta probabilidad de subir. Usted solo tiene que comprar y mantener, esperando pacientemente mientras las acciones ganan dinero pasivo para usted. Cuando esté listo para vender, simplemente haga una orden de venta y coseche las recompensas.

La última oportunidad de ingresos pasivos en el mercado de valores está en las acciones de crecimiento. Las acciones de crecimiento suelen apreciarse a un ritmo muy rápido. Debe evaluarse una visión macro clara para saber qué sector se espera que crezca en un año determinado o a corto plazo.

Automatización

Es posible operar en el mercado de valores sin enviar personalmente órdenes de compra o venta a su corredor. De hecho, un estudio reciente de J.P Morgan Chase muestra que hasta un 80% de las operaciones que se realizan en el mercado de valores hoy en día se realizan mediante sistemas automatizados. El comercio automatizado se realiza mediante sistemas algorítmicos de comercio que pueden ser codificados para comprar o vender automáticamente aun acción cuando alcanza un cierto punto de precio. Los Robo asesores son algunos de los sistemas de comercio automatizado más comunes. La mayoría de las firmas de corretaje con descuento los ofrecen gratis. Este tipo de operaciones ayuda a eliminar las emociones de las operaciones. Usted puede establecer precios de entrada y salida y puede estar seguro de las ganancias que espera o de la pérdida que acepta asumir en una operación determinada.

Cómo Hacerlo

Cuando se establece un sistema de comercio automático para realizar función de compra y venta en su nombre, primero debe crear un conjunto de reglas. Estas reglas se basan en un conjunto de indicadores técnicos como promedios móviles como la MACD o las bandas de Bollinger o puntos de pivote (Resistencia y soporte). Aunque el sistema automatizado ejecute una operación por sí solo, usted seguirá tirando de las cuerdas entre bastidores. Por lo tanto, primero debe entender los indicadores técnicos que rigen las operaciones del mercado de valores y los detonadores de las órdenes de compra y venta.

Ventajas

Los sistemas de comercio automatizados tienen ciertas ventajas sobre los manuales en algunas áreas. Primero, los sistemas automatizados minimizan la inversión emocional que un comerciante tiene durante la operación. Cuando el sistema toma una decisión de compra o venta, se basa únicamente en los indicadores técnicos. Esto reduce el riesgo de perder dinero en el comercio.

En segundo lugar, los sistemas automatizados permiten al comerciante probar las instrucciones que da el sistema sobre los datos históricos para medir su eficacia. Esto se llama prueba de rendimiento y ayuda a minimizar el riesgo.

La tercera ventaja de los sistemas automatizados es que aumentan la velocidad con la que se realiza una orden. Al enviar la orden usted mismo, es posible que pierda la señal o la alerta, y terminará viendo como el mercado pasa por encima del precio de venta. Con los sistemas automatizados, la orden de venta se presenta tan pronto como se cumplen los criterios.

Desventajas

Los sistemas automáticos están controlados por una máquina y, por lo tanto, son propensos a fallas mecánicas. Cuando esto sucede, podría ocasionar pérdidas adversas.

El Segundo y más fatal inconveniente de los sistemas automáticos de negociación es que pueden provocar caídas del mercado. Cada operador puede establecer un orden de compra o de venta a un precio determinado, introduciendo los mismos desencadenantes de venta y compra, por lo que los acontecimientos que de otro modo habría tenido poco impacto en el mercado tienden a tener un impacto desproporcionadamente alto. El mercado de valores ya ha empezado a sentir el impacto de los sistemas automáticos. Estos sistemas de negociación fueron responsables de la caída del mercado de valores Flash Crash de 2010.

Por lo tanto, es necesario revisar cuidadosamente el enfoque que se adopte y asegurarse de que los indicadores estén en línea con la investigación.

Millonarios Inspiradores

— **Paul Tudor Jones** comenzó a operar con materias primas en la NYSE. Siempre ha sido un investigador ardiente y un competidor feroz. Habiendo pronosticado el colapso de la bolsa de valores de 1987, hizo un cortocircuito en el mercado y triplico su inversión en pocos días. Su patrimonio neto es de más de $5.1 billones.

— **Leon G. Cooperman** fundó la división de gestión de activos de Goldman Sachs antes de fundar el fondo de cobertura Omega Advisors. Su patrimonio neto es de más de $3 billones.

— **Noam Gottesman**, quien tiene un patrimonio neto de alrededor de $2.7 billones, comenzó su carrera administrando las carteras de acciones de Goldman Sachs London antes de fundar su propia empresa.

— **Ingeborg Mootz** es una corredora de bolsa alemana que comenzó a cotizar en la bolsa a la edad de 83 años. Actualmente tiene un valor de más de $4 millones.

— **Joe Lewis** comenzó su carrera como comerciante en los mercados de Forex en la década de 1970. Fue otro protagonista de la caída de la libra esterlina en 1992. Su patrimonio neto es de más de $5.2 billones.

Capítulo 9:

Comerciantes e Inversionistas de Acciones Millonarias

Además de los millonarios y billonarios mencionados en los capítulos anteriores, aquí hay diez ejemplos más de comerciantes e inversionistas del mercado de valores que se enriquecieron a través del comercio y las inversiones. Estos millonarios y billonarios son mencionados para que usted pueda ver que esto se ha hecho antes y que es posible repetirlo. También hemos incluido una breve discusión sobre cómo cada uno de ellos tuvo éxito en sus respectivos campos.

Warren Buffett

Aunque lo hemos discutido en otro lugar, el hombre más dinámico del mercado de valores merece una mención en la lista de los mayores comerciantes e inversionistas. Warren Buffett establece el estándar para la inversión de acciones, habiendo perfeccionado los conceptos de inversión de valor para acumular una de las carteras de acciones más impresionantes del mundo. Su compañía de inversiones, Berkshire Hathaway, es a la vez la firma de inversiones más valiosa y la acción más cara de cualquier mercado de valores del mundo. Por otro lado, la fortuna de Warren

Buffett es de más de $80 billones es la más grande de la bolsa de valores y la tercera más grande del mundo. Al momento de escribir este libro, la acción A de la compañía Warren Buffet tiene un precio de $321,093.00 por una sola acción.

Ray Dalio

A la edad de 12 años, Dalio compró $300 en acciones de Northeast Airline. Su inversión se triplico poco después cuando la compañía se fusiono con Delta Airlines. Hoy en día, Ray Dalio es uno de los inversionistas más ricos, con un patrimonio neto de unos $18 billones. Ray tiene una rica carrera en el mercado de valores, comenzando con una temporada en el piso de la NYSE donde negoció futuros después de graduarse de la Universidad Long Island. La mayor contribución de Dalio al mundo del comercio e inversión de acciones es su concepto de meditación transcendental, que ha estado barriendo la industria en las últimas décadas, promovido y potenciado por su firma de inversiones Bridgewater Associates.

George Soros

El comercio no hace millonarios a muchos, pero ha hecho un legendario billonario llamado George Soros. Aunque George Soros tiene un valor de poco más de $8 billones en 2019, ha donado otros $32 billones a obras de caridad. Esto significa que ha acumulado hasta $40 billones en una década de larga carrera como operador diario. Su acción más memorable como operador diario fue una venta corta de la libra esterlina en 1992 (en otras palabras, compro una opción con la expectativa de que el precio caería) durante la crisis de divisas, cuando hizo un fabuloso $1 billón de dólares en unas pocas horas. Soros utilizo los principios de la reflexividad y el equilibrio para hacer su dinero en el mercado de valores.

Timothy Kim

Timothy tiene solo 31 años, pero ya ha Ganado $1.32 millones de la bolsa de valores. Lo que es impresionante del camino de inversión de Kim es que comenzó con solo $1,000. Siguió añadiendo más dinero a su cartera, haciéndola crecer hasta alcanzar su impresionante valor en un poco más de 10 años.

Timothy Sykes

Sykes es un comerciante que se centra en el comercio diario de acciones de un centavo, una estrategia de la que convirtió unos $20,000 que le fueron regalados durante su bar mitzvah en una fortuna valorada en más de $1.6 millones. Esto fue en 2014. Hoy en día, vale unos $15 millones. La estrategia de Sykes es que ha perfeccionado el uso de gráficos de acciones a lo largo de los años para ganar dinero en acciones de un centavo. Una adición a la estrategia de Sykes es que estudia los catalizadores del mercado que afectan el precio de una acción para predecir los precios futuros.

Tim Grittani

Tim Grittani es uno de los alumnos de Timothy Sykes, pero se ha ganado una gran fortuna. Al principio, Grittani utilizó el concepto de copiar a los profesionales, para entrar en el mundo de las acciones de centavo como lo hizo su mentor. Sin embargo, Grittani decidió diversificarse por su cuenta aprendiendo de ellos en lugar de copiarlos, que es la forma en que se las arregló para acumular su fortuna de unos $6 millones.

Linda Raschke

Raschke es una graduada de 60 años de edad de Occidental College que comenzó su carrera en los mercados de valores como comerciante en el piso de la Pacific Coast Stock Exchange. Linda ha estado operando en el mercado de valores como una comerciante profesional por cerca de 40 años. También se desempeña como presidenta de LBR Group, una empresa de asesoría en comercio de productos básicos. Su especialidad es el análisis técnico usando la técnica de Wolfe Wave, una técnica que mira al equilibrio del mercado y pivota los precios para predecir los precios futuros.

Umar Ashraf

Umar comenzó a operar en la adolescencia, ganando $13,000 adicionales de una inversión de $20,000 en el primer mes de operaciones a través de lo que admite que fue la suerte de principiante. Aprendió a protegerse de las pérdidas cuando perdió casi todo su capital en los meses siguientes a sus victorias iniciales. Con el tiempo, organizó su comercio en un negocio llamado Ashraf Holdings Group. Ashraf es millonario, con un patrimonio neto que supera el $1 millón. A la edad de 24 años, ha acumulado una fortuna impresionante.

Charles Icahn

Icahn comenzó su trayectoria en el mercado de valores como corredor y gerente de opciones poco después de graduarse en Princeton con el título de filosofía. En la década de 1970, abrió su propia empresa y comenzó a comerciar con opciones. Icahn se estableció como un implacable atacante corporativo en la década de 1980 al comprar una gran participación en una compañía, abogando, durante las asambleas de accionistas, de ciertas decisiones para aumentar el valor de sus acciones. Las empresas no tenían otra alternativa que comprarle a precios muy por encima del nivel del mercado. A finales de la década de 1990, Icahn poseía participaciones de control en importantes corporaciones incluyendo Time Warner, Fairmont Hotels, Herbalife, Netflix, y Marvel Comics, entre otras. Las estrategias de Charles Icahn son bastantes controvertidas, pero lo han convertido en una leyenda en el mercado de valores, con su activismo accionario que le ha dado una influencia enorme en el mercado de valores.

Nancy Zimmerman

Actualmente es propietaria de un fondo de cobertura y una de las inversionistas más ricas del mercado de valores con una fortuna de más de $800 millones, Nancy Zimmerman comenzó su carrera como operadora de opciones para O'Connor & Associates en la década de 1990. Zimmerman ha establecido su carrera en el concepto de apalancamiento utilizando el dinero de otras personas para aprovechar las oportunidades del mercado.

Capítulo 10

Citas y Consejos Inspiradores

De los maestros de la inversión y el comercio, aquí hay algunas cotizaciones para guiarle e inspirarle en su camino de la inversión y comercio. Por precaución, algunos inversionistas parecen tener una opinión muy fuerte en contra de la negociación y los mercados de corto plazo que otros. Si su carrera preferida en el mercado de valores es el comercio de acciones, no deje que esta negatividad lo desanime. Con las estrategias correctas y la orientación de profesionales como los mencionados en el Capítulo 8, usted todavía puede establecer una carrera muy exitosa como operador del mercado de valores.

El Inversionista Más Rico del Mundo, Warren Buffett

"EL secreto para lograrlo en la bolsa es ser codicioso cuando el resto del mercado es temeros, y temeroso cuando todos los demás son codiciosos".

"El precio es lo que pagas. El valor es lo que obtienes".

"El riesgo viene de no saber lo que estás haciendo".

"Es mucho mejor comprar una compañía maravillosa a un precio justo, que una compañía justa a un precio maravilloso".

"Cuando se trata de una acción de dividendos, el mejor periodo de retención es para siempre".

"Cuidado con la actividad de inversión que produce aplausos; los grandes movimientos suelen ser recibidos con bostezos".

"Llamar a alguien que comercia activamente en el mercado es como llamar a un inversionista que repetidamente se involucra en aventuras de una noche es romántico".

El Filántropo Húngaro, George Soros

"El mercado de valores está en un estado constante de inseguridad y fluctuación; los inteligentes ganan dinero apostando a lo impredecible y pasando por alto lo obvio".

"Las buenas inversiones son aburridas. Si te está divirtiendo o si lo que estas haciendo es entretenido, entonces probablemente no está ganando dinero en absoluto".

"He permanecido en el juego durante tanto tiempo como lo he hecho reconociendo mis errores. La única razón por la que tengo mucha riqueza es porque sé cuándo me equivoco".

"Las burbujas de los mercados de valores se basan en una realidad... una realidad distorsionada por un grave error de construcción".

"Juzgar qué el nivel de riesgo es seguro es lo más difícil que harás como inversionista".

"Los precios del mercado no reflejan con exactitud la evolución futura esperada, como tantas personas creen erróneamente... Los precios en el mercado de valores siempre son erróneos... Representan una visión prejuiciosa del futuro".

El Accionista Activista, Bill Ackman

"Sólo se gana experiencia aprendiendo de los errores que cometemos cuando no tenemos experiencia".

"Tienes que eliminar todas las emociones del proceso de inversión... Sólo los hechos deben influir en su toma de decisiones como inversionista".

"Como inversionista, debes estar preparado para parecer tonto y que se rían de ti durante mucho tiempo antes de que se demuestre que tenías razón".

"El mercado a corto plazo es una tontería... Invertimos usando estrategias que niegan la necesidad de evaluar la situación del mercado a corto plazo".

El Inversionista Inteligente, Benjamin Graham

"Un inversionista inteligente... un realista... compra a pesimistas y vende a optimistas".

"Una oportunidad de inversión debe prometer buenas ganancias y asegurarlas. Cualquier operación fuera de esta definición es una especulación".

"El mundo entero no tiene que estar de acuerdo con los inversionistas para que él/ella tenga razón. Sólo los hechos y el análisis pueden calificarlo de correcto".

"Los inversionistas usan su dinero para aumentar el capital... Los especuladores... enriquecer a sus corredores".

Referencias

Banjoko, A. (2011). El Comercio de Acciones y la Inversión son Fáciles para los Principiantes: Aprenda los Fundamentos Básicos de cómo Ser un Comerciante e Inversionista Exitoso. Central Milton Keynes: AuthorHouse.

Gupta, A. (2019, abril 14). Soporte y Resistencia en el Mercado de Valores. Tomado de https://sensibletrades.com/support-resistance-in-stock-market/

Hall, M. (2019). La Anatomía de las Rupturas Comerciales. Tomado de https://www.investopedia.com/articles/trading/08/trading-breakouts.asp

Harris, S. J. (1996). Comercio 101: Cómo Operar Como un Profesional. New York: John Wiley e Hijos.

Hayes, A. (2019, abril 23). Definición de la Banda de Bollinger. Tomado de https://www.investopedia.com/terms/b/bollingerbands.asp

Trivisonno, M. (2019). Día de Reversión. Tomado de http://www.trivisonno.com/trade/reversal-day

www.ingramcontent.com/pod-product-compliance
Lightning Source LLC
Chambersburg PA
CBHW020614220526
45463CB00006B/2581